ANALISI DEL LIBRO

AF156535

L'avaro

· · · · · · · · · · · · · · · · ·

Molière

ANALISI DEL LIBRO

Scritto da Florence Meurée
Tradotto da Sara Rossi

L'avaro

· ·

MOLIÈRE

MOLIÈRE

DRAMMATURGO, ATTORE E DIRETTORE DI SCENA FRANCESE

- **Nato a Parigi nel 1622**
- **Morto a Parigi nel 1673**
- **Opere degne di nota:**
  - *Dom Juan* (1665), commedia
  - *L'avaro* (1668), commedia
  - *Il borghese gentiluomo* (1670), comédie-ballet

Autore, regista, direttore di scena e attore, Molière (il cui vero nome era Jean-Baptiste Poquelin) nacque a Parigi nel 1622 da una borghesia benestante. Decise molto presto di intraprendere la carriera teatrale e fondò, insieme all'attrice Madeleine Béjart, la compagnia Illustre Théâtre. Dopo dodici anni di teatro itinerante nelle province, tornò a Parigi dove fu notato da Luigi XIV che lo prese al suo servizio.

Scrisse soprattutto commedie in cui, sotto la maschera dell'umorismo, metteva in evidenza i difetti dei suoi contemporanei (preziosismo, pedanteria, avarizia, ecc.) e criticava la società del XVII secolo (padri autoritari, ipocrisia religiosa, medici ciarlatani, ecc.) Le sue numerose opere teatrali sono ancora oggi influenti e fanno di Molière uno degli autori più importanti del secolo classico.

L'AVARO

UNA FIGURA EMBLEMATICA DEL TEATRO DI MOLIÈRE

- **Genere:** commedia
- **Edizione di riferimento:** Molière, J-B. (2000) *L'avaro e altri drammi.* Londra: Penguin Books Ltd
- **Prima edizione:** 1668
- **Temi:** borghesia, matrimonio, inganno, avarizia, denaro, amore

L'Avaro è una commedia in cinque atti scritta in prosa. Fu rappresentata per la prima volta nel 1668 al Théâtre du Palais-Royal. La trama si svolge a Parigi. Ispirata all'*Aulularia* di Plauto (poeta comico latino del III secolo a.C.), racconta la storia di Arpagone, un vecchio borghese ossessionato dal denaro, che ostacola i progetti sentimentali dei suoi due figli, Élise e Cléante. Alla fine ottengono ciò che vogliono, grazie a un drammatico colpo di scena nell'ultimo atto.

Ironia della sorte, *L'avaro* non ebbe un successo clamoroso alla sua uscita, ma oggi è diventato uno dei drammi più rappresentati di Molière. Quanto ad Arpagone, è una delle figure emblematiche del teatro di Molière.

SINTESI

ATTO I

Élise e Valère sono innamorati. Il giovane, dopo averla salvata dall'annegamento, ha rinunciato alla sua patria e al suo status sociale per stare con lei. Infatti, inizia a servire Arpagone, il padre di Élise, e cerca di conquistare il suo favore adulandolo continuamente.

Cléante, il fratello di Élise, è innamorato di Mariane, una ragazza che si è appena trasferita nel quartiere. Lei non è ricca e si prende cura della madre malata. Lui soffre perché non può dichiarare i suoi sentimenti a causa dell'avarizia del padre, che non gli dà nulla. Tuttavia, Cléante ha intenzione di partire con lei, se il padre dovesse rifiutare la sua unione con colei che ama. Per farlo, dovrà chiedere un prestito.

Il denaro che Arpagone possiede rappresenta per lui un'ossessione morbosa: teme che il giardino non sia un nascondiglio sufficiente per le sue diecimila corone.

L'anziano affronta il tema del matrimonio con i figli. Chiede al figlio cosa pensa di Mariane. Pieno di speranza, Cléante ne tesse le lodi, ma il suo entusiasmo lascia presto il posto allo stupore quando Arpagone annuncia di voler sposare la giovane donna.

Arpagone destina una vedova a suo figlio e a sua figlia un ricco signore, Anselme. In risposta alle proteste di Élise, decide di darla in sposa la sera stessa.

ATTO II

Cléante confida a La Flèche, il suo valletto, che il padre è suo rivale in amore. Inoltre, grazie a Mastro Simon, il giovane ottiene un prestito, ma a condizioni pessime, cosa che fa arrabbiare Cléante. I due uomini si imbattono in Mastro Simon accompagnato da Arpagone e tutti si rendono conto che Arpagone è l'usuraio di Cléante. Padre e figlio litigano, ritenendo ciascuno imperdonabile l'atteggiamento dell'altro.

Frosine, in affari con Arpagone, gli comunica di aver ottenuto il consenso della madre di Mariane al loro matrimonio. Gli annuncia anche che Mariane sarà presente al matrimonio di Élise. Arpagone è preoccupato per il denaro che potrebbe guadagnare con questa unione e teme di non piacere alla giovane donna. Al termine della loro conversazione, Frosine chiede di essere pagata, ma lui la congeda.

ATTO III

Nel tentativo di limitare le spese, Arpagone dà diversi ordini sull'organizzazione della festa di nozze. Sostenuto da Valère, chiede a Mastro Jacques (sia il suo autista che il cuoco) di ridurre la quantità di cibo per il pranzo. Arrabbiato, Mastro Jacques accusa Valère di essere un adulatore e afferma che Arpagone è uno zimbello. Per questo motivo, viene picchiato in successione dai due uomini. Provando un grande risentimento, giura di vendicarsi.

Mariane e Frosine arrivano a casa di Arpagone. Mariane confessa a Frosine il suo amore per Cléante. Non desidera sposare Arpagone, che trova terribile. Nel frattempo, Cléante dichiara di non essere favorevole all'idea che Mariane diventi la sua matrigna. Poi, davanti a tutti, con il pretesto di parlare in nome del padre, le dichiara il suo amore. Organizza un picnic in giardino in suo onore e le offre un anello appartenente ad Arpagone, che lo fa infuriare.

ATTO IV

Decise a fidanzarsi, Mariane e Cléante cercano una soluzione alle loro difficoltà. La giovane donna intende confessare tutto alla madre per ottenere il suo sostegno.

Arpagone vede Cléante baciare la mano di Mariane. Inizia quindi una discussione con il figlio e gli chiede la sua opinione sulla futura matrigna. Cléante dice il contrario di ciò che pensa. Ipocritamente, Arpagone afferma che è un peccato perché aveva appena cambiato idea e deciso di dargli Mariane. Cléante confessa allora i suoi sentimenti per la giovane donna, ma Arpagone si rifiuta di rinunciare a lei. I due litigano ferocemente e Mastro Jacques tenta di comporre la loro disputa, senza successo.

La Flèche ruba il tesoro di Arpagone e lo mostra a Cléante. Arpagone si accorge subito della scomparsa della sua cassa. È disperato e vuole andare in tribunale per riaverla.

ATTO V

Arpagone assume un commissario per indagare. A Mastro Jacques, che li incontra per caso, viene chiesto cosa sa del furto. Vedendo in ciò una buona occasione per vendicarsi di Valère, l'uomo lo accusa di essere il responsabile del crimine.

Valère entra nella stanza. Arpagone cerca di fargli confessare il furto. Essendo le sue accuse vaghe, ciò provoca un grande malinteso: Valère crede che la discussione riguardi il suo amore per Élise. Giustifica le sue azioni e annuncia che Élise ha firmato la promessa di sposarlo. Impazzito dalla rabbia, Arpagone vuole far impiccare Valère. Élise spiega che il giovane le ha salvato la vita, ma a lui non importa.

Fa il suo ingresso Lord Anselme. Arpagone gli spiega che Valère è un traditore che si è introdotto in casa sua per rubargli il denaro e la figlia. Valère non capisce il crimine di cui è accusato e insiste che è figlio di un nobile, Don Thomas d'Alburcy.

Anselme sostiene allora che si tratta di un impostore, poiché don Thomas d'Alburcy è morto con la sua famiglia in un naufragio sei anni prima. Valère risponde che il figlio – lui stesso – è comunque sopravvissuto. Anni dopo, dopo aver saputo che suo padre era vivo, si era messo a cercarlo.

Le dichiarazioni di Valère suscitano stupore. Mariane spiega a sua volta di essere la figlia di Don Thomas d'Alburcy: anche lei e sua madre sono sopravvissute al naufragio. Anselme confessa di essere il loro padre e tutti e tre si abbracciano sotto lo sguardo di Arpagone, che non capisce nulla ma insiste perché gli venga restituito il denaro.

Cléante dice al padre che recupererà il suo denaro se accetterà di dargli in sposa Mariane. Anselme incoraggia Arpagone ad acconsentire ai due matrimoni, cosa che fa, a condizione che non debba pagare nulla.

La Flèche mette discretamente la cassa sul tavolo; Arpagone la vede e si riempie di gioia.

STUDIO DEL CARATTERE

ARPAGONE

Vedovo e borghese, ha due figli, Élise e Cléante. Si preoccupa solo di una cosa: il denaro. L'unico evento che non riguarda una questione di ordine economico è il suo matrimonio con Mariane. Arpagone cerca di compiacere la giovane donna fino a diventare grottesco. Infatti, cerca di sembrare più vecchio e indossa dei terribili occhiali perché Frosine gli ha detto che a Mariane piacciono solo gli uomini vecchi e poveri di vista. Tuttavia, anche nelle sue vicende sentimentali, l'ossessione di Arpagone riemerge rapidamente: la prospettiva del matrimonio con una donna umile, che non porterà alcun valore monetario, lo preoccupa.

Il suo comportamento suscita l'astio di tutti: Cléante ed Élise litigano con lui, Frosine gli dà la caccia perché non l'ha pagata per il lavoro di sensale e La Flèche vuole che soffra per la sua avidità ("Mi fa quasi venire, con il suo modo di procedere, il desiderio di derubarlo, e io dovrei pensare che così facendo compio un'azione meritoria", Atto II, Scena I).

Arpagone è anche egoista, intransigente, autoritario e irascibile, e apprezza le lusinghe (soprattutto di Frosine e Valère).

È uno dei personaggi di Molière che hanno conosciuto la maggiore posterità. La successiva antonomasia di questo (figura retorica "in cui una persona è designata da un nome comune o da una circonlocuzione che la definisce o, al contrario, in cui una persona è designata dal nome di una figura di cui condivide la caratteristica definitoria", *Petit Robert 2007*): un "Arpagone" significa un uomo che dimostra grande avidità.

CLÉANTE

Il figlio di Arpagone, Cléante, è innamorato di Mariane. È determinato a condurre la sua vita come desidera, anche se il padre ostacola i suoi piani. Pertanto, poiché non riceve nulla da Arpagone, guadagna denaro giocando d'azzardo e si adopera per ottenere un prestito. Inoltre, confida alla sorella di aver deciso di fuggire con Mariane, se necessario.

Quando si rende conto che Arpagone è in competizione con lui nella sfera emotiva, non esita a tenergli testa. Si dimostra persino audace, come quando confessa i suoi sentimenti a Mariane in presenza del padre. Cléante è quindi il personaggio che si oppone più fortemente ad Arpagone.

In diverse occasioni, Cléante riceve un aiuto prezioso da La Flèche. Quest'ultimo si rivela particolarmente utile quando riesce a rubare la cassa di Arpagone. Infatti, questo furto permette a Cléante di ricattare il padre, ottenendo finalmente la mano di Mariane.

MARIANE

Mariane è arrivata da poco nel quartiere di Parigi dove si svolge l'azione. Cléante la descrive nel modo seguente:

> *"Una fanciulla […] che sembra fatta per ispirare amore a tutti coloro che la guardano […]. Qualunque cosa intraprenda è fatta nel modo più*

affascinante; e in tutte le sue azioni risplendono una grazia meravigliosa, una dolcezza molto accattivante, una modestia adorabile […]". (Atto I, Scena 2)

La giovane donna vive una vita modesta e si prende cura della madre. La rivelazione della loro vera identità avviene nell'ultimo atto: le due donne sono rispettivamente la figlia e la moglie di Don Thomas d'Alburcy. Sono sopravvissute al naufragio avvenuto sedici anni prima e sono state costrette a diventare schiave dei pirati. Una volta riacquistata la libertà, sono tornate a Napoli, la loro città natale, dove non è rimasto nulla dei loro beni. Partono quindi per stabilirsi definitivamente a Parigi.

Mariane ama Cléante ed è respinta dall'idea di sposare Arpagone. Sembra che i due giovani siano in un vicolo cieco, ma i loro problemi si risolvono gradualmente. Innanzitutto, la madre di Mariane le permette di scegliere l'uomo che desidera sposare. Poi Anselme, che è il padre di lei, appoggia la loro unione. Infine, Arpagone, fedele a se stesso, sceglie di rinunciare a lei per recuperare la sua cassa.

VALÈRE

Valère vuole sposare Élise. Per riuscirci, prevede due soluzioni:

- trovare la sua famiglia. Il giovane crede infatti che la nobiltà del suo sangue convincerà Arpagone ad accettare il matrimonio con sua figlia: "Tuttavia, se riuscirò a trovare i miei genitori, come spero vivamente di fare, essi saranno presto favorevoli a noi" (Atto I, Scena 1);

- nel frattempo, Valère diventa un servitore di Arpagone per cercare di fare buona impressione su di lui e rimanere al fianco di Élise. Valère sa che ad Arpagone piace essere lodato per le sue idee. Perciò, è sempre d'accordo sul fatto che abbia ragione. Questo ruolo che assume gli causerà continuamente pregiudizi: viene tradito da Mastro Jacques che lo accusa di aver rubato la cassa. Per dimostrare la sua innocenza, Valère spiega di essere il figlio di Don Thomas d'Alburcy. Dopo il naufragio, è stato accolto e cresciuto dal capitano di una nave spagnola.

ÉLISE

Élise, figlia di Arpagone, è appassionatamente innamorata di Valère da quando lui l'ha salvata dall'annegamento. Condivide un legame profondo con il fratello, di cui è confidente. Entrambi sono interdipendenti quando si tratta di difendere la loro causa contro Arpagone.

Élise dà prova di coraggio quando osa esprimere ad Arpagone il suo rifiuto di sposare Lord Anselme. Purtroppo, le sue proteste non fanno altro che suscitare l'irritazione di Arpagone, che decide di sposarli il giorno stesso. Decisa a non cedere alle decisioni del padre, firma la promessa di sposare Valère. L'arrivo di Anselme e l'esito finale risolvono i problemi della giovane donna.

ANSELME

Anselme è l'uomo a cui Arpagone vuole dare in sposa la figlia perché si aspetta di trarre un profitto da questa unione: è ricco e, a quanto gli risulta, non ha figli dal suo primo matrimonio e accetta di prendere in moglie Élise senza dote.

Lord Anselme appare solo alla fine della commedia e rappresenta un *deus ex machina* (un personaggio o un evento che porta una svolta inaspettata in una situazione o in una tragedia senza speranza). In effetti, il suo intervento permette il lieto fine per le giovani coppie. La rivelazione della sua vera identità arriva come una bomba: Anselme è in realtà Don Thomas d'Alburcy. Pensava di essere l'unico sopravvissuto al naufragio e, temendo per la sua vita a Napoli, ha venduto le sue proprietà, ha cambiato identità ed è andato a vivere in Francia.

Pieno di gioia dopo essersi riunito alla sua famiglia, quest'uomo generoso accetta di pagare il matrimonio dei suoi due figli.

ANALISI

AMORE E DENARO: LE FORZE DIETRO L'AZIONE

L'Avaro rappresenta un conflitto tra Arpagone e due giovani coppie. Ma la contrapposizione tra loro avviene anche dal punto di vista di ciò che motiva le loro azioni: mentre l'avarizia di Arpagone detta ogni sua decisione, Cléante, Mariane, Valère ed Élise agiscono tutte per amore.

L'etimologia del nome "Arpagone" è di per sé significativa. *Harpago* è un termine latino classico che significa "rapace". Il protagonista della commedia è quindi destinato a fare le sue scelte e ad agire secondo la sua avarizia:

- cerca di risparmiare in tutti i modi: si veste con abiti vecchi, non nutre adeguatamente i suoi cavalli, non dà soldi ai suoi figli (Cléante dice: "Perché c'è qualcosa di più crudele di questa meschina economia a cui siamo sottoposti, di questa strana penuria in cui siamo costretti a struggerci?", Atto I, Scena 2), rifiuta di offrire un bel matrimonio a sua figlia e rimane insensibile quando Frosine gli chiede di ricompensarla per i servizi che ha fornito;

- riesce a guadagnare: il prestito che accetta di concedere a Mastro Simon presenta tassi di interesse più elevati e si rallegra all'idea che sua figlia sposi Anselme, un uomo ricco;

- ansioso e paranoico, teme il furto. Per questo motivo si reca spesso in giardino, dove è sepolto il suo denaro.

Sospetta di tutti: perquisisce accuratamente La Flèche prima di farlo entrare in casa, accusa il proprio figlio di avergli rubato il denaro e sospetta che tutti in città abbiano rubato la sua cassa.

L'insistenza con cui Molière espone l'avarizia della sua personalità fa dell'*Avaro* una "comédie de caractère" (una commedia in cui l'autore critica gli atteggiamenti e i vizi degli uomini). Come in altre opere (*Tartufo*, *Il Misantropo*, *L'Invalido immaginario*, ecc.), il drammaturgo ritrae un uomo il cui vizio ha conseguenze spiacevoli per coloro che lo circondano. Questa scelta influenza la scrittura, soprattutto il vocabolario: il campo lessicale del denaro è ricorrente nel discorso di Arpagone ("prestito", "corone", "dote", "tasse", ecc.).

Ma l'opera cerca anche di essere una commedia delle buone maniere, una satira sociale della borghesia, la classe in ascesa del XVII secolo. Arpagone, il borghese, si contrappone al nobile Anselmo, che non esita a spendere il suo denaro per garantire la felicità dei suoi figli.

Il comportamento dei quattro giovani è, a differenza di quello di Arpagone, pienamente guidato dal sentimento d'amore:

- Cléante progetta di fuggire con Mariane e, a differenza del padre, è felice di poter aiutare economicamente la ragazza:

  "Riesci a immaginare, sorella mia, che felicità deve essere migliorare la condizione di coloro che amiamo; portare abilmente un po' di sollievo alle modeste necessità di una famiglia virtuosa?" (Atto I, Scena 2)

- Mariane convince la madre a rinunciare alla prima scelta fatta sul matrimonio della figlia;

- Élise disobbedisce all'autorità del padre firmando la promessa di sposare Valère;

- Valère, per amore di Élise, si abbassa a diventare servo di Arpagone, verso il quale si comporta in modo ipocrita.

Queste azioni sembrano riprovevoli alla luce dei modi del XVII secolo. Tuttavia, hanno incontrato il consenso del pubblico perché minacciano gli interessi di un uomo spregevole e sono motivate da una giusta causa.

RISORSE DEL FUMETTO

Nonostante il tema inizialmente cupo – l'isolamento di un padre a causa della tirannia che esercita su chi lo circonda – *L'avaro* è una commedia. Pertanto, l'opera mira a suscitare il riso. A tal fine, Molière utilizza le diverse forme di comicità presenti nel teatro:

- commedia di carattere, basata sulla personalità del protagonista: il drammaturgo esagera i difetti di Arpagone, a volte fino alla caricatura, che lo rende ridicolo (ad esempio, l'insistenza con cui cerca La Flèche prima di licenziarlo, atto I, scena 3);

- commedia di situazione, basata tra l'altro sull'equivoco (una mancanza di comprensione che implica il prendere qualcosa o qualcuno per qualcosa o qualcun altro): è il caso di quando Valère pensa che Arpagone lo stia accusando di avergli portato via Élise, mentre il vecchio sta parlando della sua cassa:

> *Valère: Tutti i miei desideri erano limitati ai piaceri della vista, e niente di criminale ha profanato la passione che quei begli occhi mi hanno ispirato.*

> *Arpagone: Gli occhi belli del mio portavalori! Ne parla come un amante della sua amante.*
>
> *(Atto V, Scena 3);*

- la comicità gestuale, legata alla mimica facciale (ad esempio l'aria sciocca con cui Arpagone incontra Mariane, Atto III, Scena 5), alle cadute (Arpagone viene scaraventato a terra da uno dei suoi servi, La Merluche, Atto III, Scena 9) e persino alle punizioni corporali inflitte dai personaggi l'uno all'altro (Valère picchia Mastro Jacques con un bastone, Atto III, Scena 2);

- la comicità delle parole, che risiede principalmente nei giochi di parole.

L'AVARO, UN BUON ESEMPIO DI INTERTESTUALITÀ

Per comporre la sua opera, Molière attinge a diverse fonti:

- si ispira essenzialmente all'*Aulularia* di Plauto, una commedia scritta intorno al 200 a.C. La struttura della commedia antica viene riutilizzata nell'*Avaro*: Euclione, un vecchio, trova una pentola piena d'oro. È tormentato dall'idea che gli venga rubata, cosa che poi accade. Molière riprende da Plauto anche estratti di scene più precise, come il famoso monologo di Arpagone (atto IV, scena 7). Attraverso questo riferimento al teatro latino, Molière adotta un atteggiamento che era fortemente raccomandato al suo tempo, ovvero l'imitazione dei classici;

- l'idea di un padre che presta denaro al figlio si trova già ne *La Belle Plaideuse* (1655) di Boisrobert (poeta francese, 1592-1662);

- *Il Supplì* (1509) di Ariosto (scrittore e poeta italiano, 1474-1533) racconta la storia di un giovane al servizio del padre di colei che ama. Nasce un conflitto tra un altro servo (qui, Mastro Jacques) e alla fine il giovane ritrova il padre e quindi riacquista il suo status sociale.

Luigi Riccoboni, attore e scrittore italiano del XVIII secolo, affermò che "in tutta la commedia *L'avaro* non si trovano quattro scene che siano state realmente inventate da Molière". Ma questo non inficia il merito del drammaturgo. Con questa commedia, infatti, egli dà prova del suo talento, sistemando fonti diverse in modo da creare un'opera originale.

ULTERIORI RIFLESSIONI

ALCUNE DOMANDE SU CUI RIFLETTERE...

- *L'Avaro* mette in evidenza i vizi di un uomo. Dopo aver esaminato sia i giudizi espressi dagli altri personaggi su Arpagone sia l'esito della commedia, pensate che Molière abbia voluto, attraverso la sua scrittura, evidenziare una morale che condanna l'avarizia?

- Jean-Jacques Rousseau, famoso scrittore e filosofo del XVIII secolo, diede un giudizio molto critico dell'*Avaro*: "È un grande vizio essere avari e fare un prestito, ma non è forse un vizio ancora più grande per un figlio rubare al padre, non rispettarlo [...]? [...] Se lo scherzo è buono, questo lo rende meno condannabile? E la commedia in cui si fa amare il figlio insolente che ha fatto lo scherzo non è forse meno morale?". Siete d'accordo con questa affermazione? Giustificate la vostra risposta.

- In che misura *L'avaro* può essere visto come un'opera di occultamento e di segreti? Quali sono i risultati di questo occultamento?

- Nello scrivere la sua commedia, Molière si è ispirato a diverse opere precedenti, ma ha anche attinto a elementi della vita reale, in particolare della sua vita privata. Come possiamo spiegare questo tipo di approccio?

- Balzac, scrittore realista del XIX secolo, disse: "Con Arpagone, Molière ha creato l'avarizia; con padre Grandet, ho creato un avaro". Confrontando Arpagone e Grandet, possiamo dedurre che Balzac si sia ispirato all'*Avaro* per la costruzione del suo personaggio? Pensate che entrambi gli autori avessero lo stesso obiettivo?

- Possiamo identificare *L'avaro* come una "dark comedy"?

- Fare di Arpagone un personaggio innamorato non contraddice il ritratto generale presentato da Molière?

- L'opera di Molière è stata oggetto di diversi adattamenti cinematografici, tra cui quello di Christian de Chalonge del 2006. Quali sono i cambiamenti significativi (in termini di contenuto, costruzione, recitazione, ecc.) legati al passaggio dal palcoscenico allo schermo?

ULTERIORI LETTURE

EDIZIONE DI RIFERIMENTO

Molière, J-B. (2000) *L'avaro e altri drammi.* Londra: Penguin Books Ltd.

STUDI DI RIFERIMENTO

Sito web della Comédie-Française: < http://www.comedie-francaise.fr/histoire-et-patrimoine.php?id=511>

ADATTAMENTI

L'Avare. (2007) [Film per la televisione]. Christian de Chalonge. Dir. Francia: Jourd'hui Mitchell Productions.

L'Avare. (1977) [Fumetto]. Di Jean Pierre Lihou. Edizioni Dessain e Tolra.

Vogliamo sapere da voi!
Lasciate un commento sulla vostra biblioteca online
e condividete i vostri libri preferiti sui social media!

www.50minutes.com

Master ISBN: 9782808689472
ISBN cartaceo: 9782808610872
Deposito legale: D/2023/12603/1367

Copertura: © Primento

Concezione digitale a cura di Primento, il partner digitale degli editori.